湖北省博物館
HUBEI PROVINCIAL MUSEUM

湖北省博物馆少儿绘本丛书

博物馆里的节日

花朝节

主编 钱 红

“湖北省博物馆少儿绘本丛书”编委会

《博物馆里的节日》编委会

前　言

越来越多的小朋友走进博物馆，爱上博物馆，爱上博物馆里的文物故事。为此，我们精心打造了《博物馆里的节日》，将14个传统节日、7个公历节日，分别与湖北省博物馆里的21件文物瑰宝链接起来。我们精心设计了湖北省博物馆的文物守护精灵“北北”，还有她的好朋友“湖湖”，让他们带着大家一起穿越时光，了解每个节日的由来；体验每个传统节日的习俗，这些习俗都是中华民族在漫长的历史长河中不断凝聚的宝贵财富，值得我们传承；配上了与文物相关的成语故事、神话故事或历史故事；设置了有趣的“互动问答”，让小朋友在轻松愉快的氛围中学习科普知识。小朋友还可以邀请家长扫描书中的二维码，拓展更广阔的“悦读”空间，了解更多的传统文化，让先民留给我们的精神财富得以传承和弘扬。

钱红

2022年11月

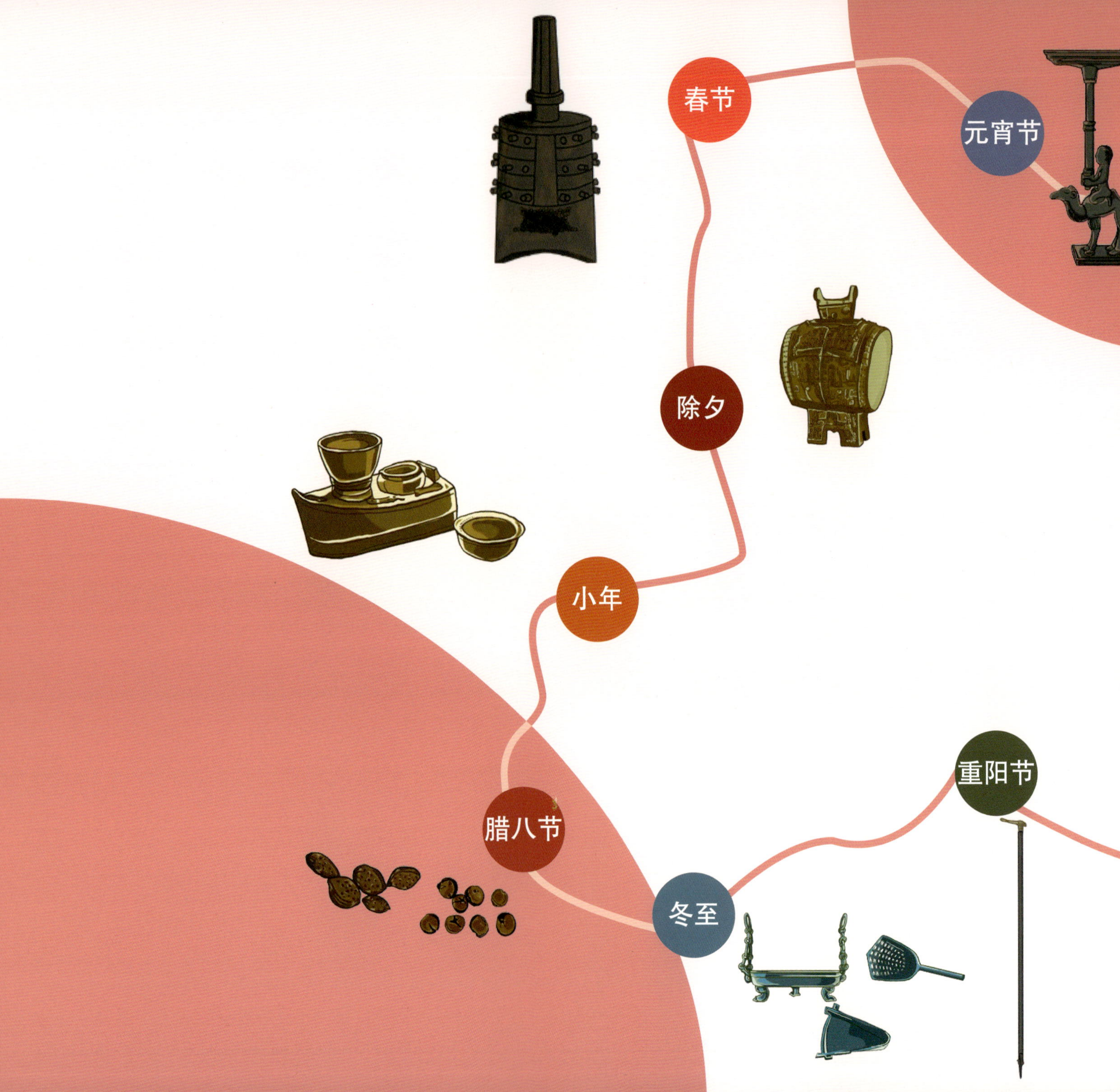
春节
元宵节
除夕
小年
腊八节
冬至
重阳节

龙抬头

花朝节

上巳节

清明节

中秋节

端午节

七夕节

你好！我叫北北，是湖北省博物馆的文物守护精灵。我可以穿梭时光，带你体验不一样的博物馆节日氛围。旁边是我的好朋友——湖湖。

我们都喜欢湖北省博物馆里的文物，也喜欢听文物背后的故事！这些故事和我们传统节日也有关哦！

百花生日是良辰

——花朝

咏花朝
（清）蔡云
百花生日是良辰，未到花朝一半春。
万紫千红披锦绣，尚劳点缀贺花神。
花朝节，百花盛开，将大地装点得五彩缤纷，在这里睡觉也太惬意了吧！
古诗知识拓展

节日由来

花朝节是纪念百花生日的节日，俗称“花神节”“百花生日”，一般在农历二月初二、二月十二或二月十五举行。花朝节由来已久，最早在春秋时期《陶朱公书》中已有记载。

那当然啦！花朝节百花齐放，
是纪念百花生日的节日哟！

碧绿的柳枝随微风摆动，多么惬意啊！

百花盛开、争奇斗艳，
花朝时节真美丽！

节日习俗

花朝节的习俗十分丰富，有踏青、赏红、拜花神、装狮花、放花神灯、种花、栽树、挑菜等，文人雅士饮酒赋诗，亲朋好友郊游雅宴，好不热闹。

放花神灯

哇，好漂亮的花神灯！

挖野菜

栽树

赏红
踏青
花朝节是踏青的好节日！

种花

节日习俗知识拓展

文物链接

十二月花卉盅

十二月花卉盅是清康熙年间的一套青花瓷器，以十二个月的当令花卉为主题，将诗、画、书法、篆刻等多种艺术形式与瓷器工艺完美结合，是不可多得的清代官窑瓷器精品。

文物知识拓展

成语故事

百花齐放：各种花卉一起开放。比喻各具特色的不同事物一齐出现，也形容艺术界的繁荣景象。

互动问答

大家是不是对花朝节有了一些了解呢？现在来和我一起看看后面的题目吧。

1. 花朝节是中华民族的传统节日之一，请问它在每年的什么时候举行？

2. 花朝节的习俗有哪些？（ ）

A. 吃汤圆　B. 放风筝　C. 放花神灯　D. 踏青　E. 赏红

3. 湖北省博物馆馆藏文物青花十二月花卉盅里没有描绘哪种花？（ ）

A. 桃花　B. 樱花　C. 杏花　D. 迎春花

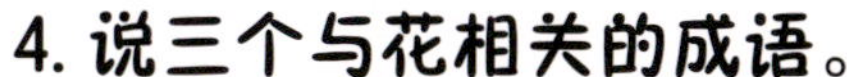

4. 说三个与花相关的成语。

答案

图书在版编目(CIP)数据

博物馆里的节日.花朝节/钱红主编.—武汉:武汉大学出版社,2023.5
湖北省博物馆少儿绘本丛书
ISBN 978-7-307-23746-9

Ⅰ.博…　Ⅱ.钱…　Ⅲ.节日—风俗习惯—中国—少儿读物　Ⅳ.K892.1-49

中国国家版本馆 CIP 数据核字(2023)第 078607 号

责任编辑:李　玚　　责任校对:李孟潇　　装帧设计:何家辉　徐世林

出版发行:**武汉大学出版社**　(430072　武昌　珞珈山)
(电子邮箱:whu_publish@163.com)
印刷:武汉市金港彩印有限公司
开本:880×1230　1/16　印张:25　字数:157 千字
版次:2023 年 5 月第 1 版　　2023 年 5 月第 1 次印刷
ISBN 978-7-307-23746-9　　定价:298.00 元(全 15 册)
